Emiliana Zapatero

HISTORIAS DE UNA CABRERA

Emiliana Zapatero

HISTORIAS DE UNA CABRERA

Editado por Bubok Publishing S.L.
equipo@bubok.com
Tel: 912904490
Paseo de las Delicias 23
28045 Madrid

Índice

Dedicado a Guiomar, profesora de escritura poética y poesía en el centro de mayores en Majadahonda.

Soy de San Ciprián

Soy de San Ciprián,
donde la piedra reza
y el viento entiende lo que el mundo ha olvidado.

Nací donde el monte toca el cielo sin pedir permiso,
donde el lobo dejó su sombra en las noches sin farol,
y la nieve, como una ofrenda, cae mansa en los inviernos sin prisa.

Hablo un dialecto que no está en los mapas,
ni en los libros,
ni en la radio.

Es la lengua de mi abuela al encender el fuego,
la del pastor al llamar al perro,
la del silencio cuando alguien muere
y el pueblo entero baja la voz.

Mi lengua dice cosas que el castellano no puede nombrar:
la escarcha con respeto,
el pan de centeno con hambre,
y la soledad con dignidad.

Tengo dos templos:
la ermita de la Virgen de las Nieves,
donde la madre cuida al pueblo desde la altura,
y la iglesia de San Cipriano,
donde el patrón guarda el alma de los nuestros.

No soy gallego, ni leonés, ni portugués,
y sin embargo soy todo eso a la vez.

Mi sangre camina las sendas viejas
por donde marcharon celtas, romanos, monjes y guerreros.

Mi identidad es frontera,
pero no límite: es puente.

San Ciprián no es solo un lugar.
Es un modo de mirar el mundo
con los ojos limpios del que ha visto mucho y no presume.

Es un nombre que suena a campana,
a carballo, a resina, a tierra mojada.

Yo soy de allí.
Y aunque viva lejos,
en cada palabra que digo
hay un poco de su cielo,
un poco de su pan,
y una oración que aprendí sin saber que rezaba.

Majadahonda, Madrid, junio 2025

Prólogo

Este libro nace del deseo de dejar por escrito los recuerdos de una infancia y juventud vividas con apego, entre montañas, veredas y voces que aún resuenan. Emiliana, la autora, guarda muy buenos recuerdos del pueblo que la vio crecer, y al que regresa siempre que puede, porque allí mantiene familia, amistades y raíces que nunca se han soltado.

A los doce años le ofrecieron una beca para estudiar una carrera. Su padre deseaba que la aceptara, la madre guardaba silencio, su hermano se marchaba voluntario a la mili. Emiliana decidió quedarse y acompañarlos en las faenas del campo. Esa elección, tomada en plena juventud, selló una vinculación profunda con su tierra y con quienes la habitaban. «¡Su compañía fue mi mejor regalo!»

Con el tiempo, Emiliana y Ramiro, hijo de Juan y Pilar, se casaron un 23 de mayo en la ermita de la Virgen de las Nieves. Vivieron en Madrid, trabajando en el bar de su propiedad, adquirido poco a poco, con esfuerzo y constancia.

La autora, aún mantiene la casa familiar, mitad antigua y mitad moderna, que sigue siendo un lugar de encuentro y memoria. Conservada con cariño, es testigo de una vida que ha sabido mirar atrás sin perder el paso. Este libro es también una forma de conservar: palabras, costumbres, gestos y memorias que no deben perderse.

San Ciprián

En un lugar, entre las montañas Astur-Leonesas, existe un pueblo tranquilo: San Ciprián de Sanabria, provincia de Zamora, con gran extensión de pastos y robledales.

El roble «carballo» es un árbol alto, de hoja caduca, flores unisexuales y fruto la bellota. La madera, fuerte y resistente, se utilizaba en ebanistería.

La leña se usaba para la lumbre, dando abundante luz y calor. La ceniza «cernada» se empleaba como fertilizante.

Algunas personas se las compara: ¡Eres más fuerte que un roble!

Esta población se halla a una altura de novecientos metros sobre el nivel del mar.

Aquí termina la carretera y había que darse un respiro para admirar este paisaje escondido entre cordilleras y valles.

En aquel pueblo, que llamaban «villa», nacen tres ríos, que empiezan a formarse en la falda de las laderas, recogiendo a su paso el agua de fuentes, manantiales y arroyos, hasta llegar al llano.

Las truchas vivían en estos ríos, donde la calidad del agua era de la misma clase que el pescado. Nadaban en la presa y se movían por el río como pez en el agua. En algunos sitios, donde los rayos del sol se reflejaban, se podía ver el color grisáceo y rojizo del dorso. Cuando las observasen en silencio, enseguida desaparecían de la vista: se escondían debajo de las piedras y entre el carrizo, que tanto adorna en arroyos y ríos. La trucha respira por branquias y se reproduce por huevos.

Uno de los ríos, el de «Faldrego», empieza a formarse en «Entrambas-aguas». Viene de la recogida de fuentes y manantiales de varios valles, situados al noreste, a los pies de los «Picos de la Ciudad».

El sol comienza a asomarse en el tercer pico. El espectáculo es precioso: va asomándose lentamente, como pidiendo permiso, y los rayos del sol, envueltos entre las sombras, van dando brillo y resplandor al nuevo día, que se pone en marcha para personas, animales y cosas: ¡Menudo trajín!

Cuando termina el día y el sol se oculta por el oeste, allí en la sierra, pasando por la «Barrosa», un peñascal muy pendiente que hacía solana, los lagartos y lagartijas se paseaban por él como Pedro por su casa.

En este punto se encuentra el inicio de otro río, el de la «Muela», y en el trayecto no muy largo se halla la fuente del mismo nombre, que mana un espléndido caño de agua.

El tercer río tiene su origen en la falda de la colina. Baja por dos valles distintos: «Bayiello» y «Sampil», recogiendo a su paso el agua de la nieve amontonada en invierno (en es «Llastres»), haciendo brotar fuentes y manantiales. Al llegar al llano, se juntan y dan nombre al río «Arrujino».

En esta pradera común se distribuye el agua. Una parte iba para el caño de la «Casiella», que riega prados, huertos privados y la huerta del cura.

Un poco más abajo, sale el caño de «Escarreires», que lleva el agua a gran parte del pueblo. La sobrante sigue río abajo, regando a su paso tierras y prados hasta juntarse con el río «Faldrego».

Los árboles frutales resisten las inclemencias del tiempo: el cerezo «treisal», ciruelos, manzano, nogal y peral. Alguna primavera, como se adelantase la flor, se helaba.

Al levantarse de madrugada, lo primero era dirigir la mirada desde la ventana para ver el color del día. Entonces se veía el humo saliendo por las chimeneas, formando un bonito espectáculo. Eran como pequeñas nubes en el aire, que se disipaban enseguida, y había que ponerse en marcha: porque hacienda, ¡que tu amo te atienda!

La cocina era el espacio donde pasaba más tiempo la familia. Junto a la pared estaba la chimenea, y por ella bajaba una cadena de la cual se colgaba un gancho «garfiello» para sujetar el caldero «caldeiro» encima de la lumbre. Al lado se ponía el pote o puchero; la cacerola se colocaba encima de las estrévedes de tres patas.

La alacena estaba hacia la derecha, y para sentarse: un escaño de madera, una escañeta, un banco y alguna banqueta.

Para entretener las largas noches de invierno se hacían «Seranos», alumbrados con el candil o lámpara. Se reunían las mujeres que, con la rueca, el uso «fuso» y mucha destreza, preparaban el lino y la lana para hacer colchas, refajos, abrigos, medias y calcetines. El lino lo vendían en el mercado y se empleaba en telas u otros menesteres.

Una historia singular

José y Francisca nacieron en este pueblo campestre. A los 14 años, José, para ayudar a su familia, se fue a Cuba a trabajar con su tío Miguel.

Estuvo allí 4 años, e incluso los padres de la novia querían que le ayudase a llevar su negocio, pero él no estaba por la labor. Había ido para volver, y tomó una decisión.

Prepara el viaje de vuelta a Madrid. Se aloja en casa de sus tíos Félix y Rosa, que lo acogieron con mucho cariño.

Trabajó de mozo de caballos y, con el tiempo, compró un taxi, del cual decía que pasear en coche por Madrid era encontrar su sitio en la vida.

Organiza una visita al pueblo para ver a su familia y conoce a Francisca, una joven de estatura media y con mucho salero. José, más bien alto y resultón, en cuanto la vio pensó para sus adentros: ¡Esta es la mujer de mi vida!

Después de un tiempo se casaron. Tuvieron que pedir dispensa porque eran primos. Celebraron la boda en la iglesia parroquial, que está ubicada al final del pueblo. Al lado está la casa parroquial y, por la parte de atrás, la huerta del cura y el cementerio.

¡El convite fue espléndido. Tiempos y días felices!

José regresó a Madrid para arreglar las cosas y llevar a su mujer con él. En este medio tiempo estalla la guerra y estuvieron 4 años sin verse.

Él dormía en casa de sus tíos. Cuando podía, se ayudaban mutuamente. Ellos eran familia numerosa y los tiempos muy difíciles.

Termina la guerra y, como su marido no daba señales de vida, Francisca decide ir a buscarlo. Lo encontró triste y abatido. ¡Había perdido todas sus pertenencias!

Estuvieron una temporada en Madrid. Los amigos del taxi le decían que se quedara. "Zapatero", le llamaban por el apellido, "En el pueblo no hay nada que buscar, solo piedras."

Llevaban casi 7 años casados y no tenían familia. Visitan a un médico, le receta unas pastillas y se queda embarazada, así que deciden volver al pueblo.

Dio a luz un niño rubio, de ojos azules y muy llorón. Tenía el sueño cambiado: en nueve meses no dejó dormir a nadie.

Había un vecino al que le gustaba hacer alguna broma. "¡Vaya nochecita, eh!" Él era soltero y vivía en una casona al final del pueblo, con tierras y una fuente. Además de ser buena persona, era el paño de lágrimas de los que tenían menos. Aparte de dar trabajo, se preocupaba de sus necesidades. Bautizaron al niño, le pusieron de nombre José. Fueron sus padrinos José Espada, amigo taxista, y la vecina de Francisca de soltera, la «Rayana».

Cuando Pepe iba a cumplir 7 años, nació su hermana, que bautizaron con el nombre de Emiliana. Fueron sus padrinos

Dolores y Adelicio, vecinos de los padres. A José y a Francisca se les caía la baba con la parejita.

José no tenía costumbre de hacer las cosas del campo, así que compró un coche de siete plazas para repartir los viajeros del tren por los pueblos. Pero, por lo visto, estaba el cupo hecho; de modo que preparó una taberna. Como escaseaban las «pelas», el negocio no funcionó.

Puso una fragua para arreglar las herramientas de labranza; ídem de lo mismo.

Entonces compró un camión para ir a trabajar a «Moncabril», una empresa que estaba haciendo saltos de agua para producir electricidad. Por circunstancias adversas, tampoco funcionó.

Él tenía talento, pero en ese momento la suerte no fue su mejor compañera.

¿Quizás que José tuviera un poco de Quijote? ¿Francisca, un poco de Sancho Panza?

Eran una pareja ideal, y en adelante se dedicaron a la ganadería y a la agricultura.

La abuela, la nieta, la nieve

La abuela materna venía a pasar temporadas en casa de sus hijos, y Milianica —que así la llamaba la madre con cariño— se lo pasaba de maravilla. Tenía cosquillas en los pies y, a menudo, le decía: ¡Abuela, hágame cosquillas! La niña se desternillaba de risa, y la acompañó ese poso de optimismo y su caminar constante.

Cuéntame un cuento,
abuelita, en el calor del hogar,
cuéntame un cuento, abuelita,
antes de irme a acostar.
Era una niña traviesa
que al monte se fue a jugar.
De pronto vino el lobo
y se la quiso llevar.
Jesús, ¡Qué horror, abuelita!
Prefiero estar en casita,
porque abuelita aquí está.

23

En aquella época caían fuertes nevadas. Para ir al pajar «palleiro» había que quitar la nieve con la pala, haciendo rota. Para los niños era una diversión estupenda. Además de hacer el muñeco de nieve, se divertían sellando su cuerpo encima de la nieve y haciendo bolas, para ver quién llegaba más lejos y tenía mejor puntería.

Estaba finalizando el otoño. De los tejados y balcones colgaban carámbanos afilados y muy largos. Caían grandes copos de nieve que agitaba el viento y dificultaban la visión.

La liebre, perdiz y codorniz se veían en los manantiales junto a lobos, corzos y zorros. Ellas no entienden de huellas sobre la nieve: buscaban agua y comida.

A los animales había que sacarlos de la cuadra «corte» a beber agua al pilón o al río, que vieran la nevada y se tranquilizaran, porque si no se ponían a «bramar» o «berrear» sin parar.

Un día sacaron las ovejas para que vieran el ambiente, y detrás de una escoba —que apenas se veía con la nevada— salió el lobo. Cogió la mejor oveja por el pescuezo (la «machorra») y no la degolló porque estaba el hijo del dueño pendiente.

Una coincidencia: esa oveja se pensaba matar para la siega del centeno y compartirla con un vecino.

Las gallinas tampoco estaban seguras con las nevadas. La garduña era una experta en abrir gateiras, y aunque daban la voz de alarma cacareando, de vez en cuando alguna víctima caía.

Los animales dormían en la cuadra «corte», debajo del dueño y la familia. Cada uno tenía un sitio, que conocían por instinto. Había que ponerles una cadena sujeta a la pared para que se movieran bien, y porque a cada uno se le ponía la comida que necesitaba.

Las vacas eran exigentes. Todas y cada una querían lo mejor. Se defendían con alguna cornada para ver quién iba la primera en el camino o vereda. Cuando se ponían de parto se las oía mugir, y enseguida se estaba a su lado para poner el ternero cerca, que lo pudiera lamer y dar calor. Así se levantaban a mamar solos y a saltar junto a la madre.

En una cuadra aparte paría la cerda. Había que vigilar a los cerditos hasta que cogieran la teta correspondiente y tuviesen fuerza para defenderse.

La energía y la feria

Hoy sorprende el repicar de las campanas: suenan a fiesta. Acababan de inaugurar la electricidad en la comarca.

Desde lejos se divisaba la luz por las ventanas. Ya no parecía un pueblo fantasma. Además, se escuchaban las noticias por la radio: música, novelas, historias. Era el comienzo de una nueva historia.

Cuando se desplazaban por el pueblo y alrededores, siguiendo caminos, cañadas y senderos, se iban en caballerías, andando o en el carro, que, donde había piedras, no paraba de dar brincos.

Los lunes era día de feria en el mercado del Puente, a una distancia de 12 km.

Como había pocos coches por la carretera, el burro llevaba el compás aparejado con la albarda y las alforjas. Al bajar, podías ir a caballo; para subir, como venía cargado, algunas personas hacían todo el trayecto caminando. En la feria se vendían y compraban animales y objetos, y se regateaba bastante.

Los burros, que tenían fama de torpes, eran muy listos. Cuando salían de la cuadra, rápidamente se ponían los primeros de la fila para no tener que llevar peso. Había que sacarlos atados con una cuerda o cadena sujeta al ronzal, porque si no desaparecían en un momento y se iban a rebuznar a la tierra del centeno o al patatal. ¡A comer y disfrutar! En un instante tenían compañía.

Los castaños y la campanilla

Era tiempo de castañas. Ya empezaban a desprenderse de los castaños «castañeiro», donde crecían dentro de una envoltura que llamaban «pellizo». Iban poco a poco mostrando el colorido: castaño claro, oscuro o simplemente castaño.

Para asarlas había que dejarlas sudar, y así no saltaban dentro del «fundón», que era el nombre de la caldereta, con agujeros en el fondo y un asa. Se comían en familia. A los niños se les permitía comer a su antojo, porque las castañas tienen distinto tamaño y había gusto para todos. También se comen crudas, cocidas o en dulce.

Llegaba el 1 de noviembre. Se celebra el Día de Todos los Santos, dedicado a los fallecidos que no fueron canonizados, y al día siguiente, se celebra la memoria de los difuntos, en señal de respeto.

Un vecino del pueblo, Miguel, salía todas las tardes a tocar la campanilla para rezar por ellos y que, desde el cielo, intercedieran ante Dios por nosotros. Él vivía en la «Cañadica». Bajaba por la calzada hacia la «Calle Real», cruzaba el puente de la «Aldea» y se dirigía a la plaza del mismo nombre, en la cual se encontraban las escuelas y una fuente. A la derecha, en la rinconada, estaba la puente «Riguiracha», y por ella se cruzaba al «Arenal».

A continuación, seguía por la «Calle Real» hasta la «Cañada del burro», donde empieza el «Barrio a Peña».

Por el camino había varios cruces y asientos de piedra. La gente joven y mayor, al atardecer, reposaba y comentaba los afanes del día, mientras las niñas y los niños jugaban hasta la cena.

Continuaba caminando hasta la plaza del «Barrio Bajo», donde se halla una gran «Cruz» de piedra. Desde allí daba la vuelta por la «Calle Real» en dirección a la «Cañada al Puntón». Hacía un giro a la derecha, y en mitad del camino estaba la «Fragua»; más adelante, el río «Molinacho» y el molino. Cruzaba el puente camino del «Barrio», y siguiendo el recorrido, terminaba en la «Cañadica»… hasta la tarde del día siguiente, cuando volvía a repetirlo.

La matanza, Navidad y Reyes

Se empezaban a cebar los cerdos quince días antes de la matanza. Se les cocían las verduras, «escaldaos», envueltas con salvado y un puñado de bellotas; así prevalecía el jamón al tocino. Además, les ponían unas argollas en la nariz para que no se revolcaran y estuvieran tranquilos. Se solía decir: «¡Eres más grande que el día de la matanza!»

Se esperaban días de heladas, y era tiempo adecuado para la preparación y el revuelo. En general, se mataban dos cerdos y se reunían las familias para ayudarse con los preparativos. Había que remangarse para hacer las cosas. A continuación, se iba poniendo cada cosa en su sitio: la carne de los chorizos, picada y adobada con pimentón especial y orégano de «Peñogordo» (recogido cada temporada); las estupendas morcillas, de arroz o miel, se curaban en la cocina colgando de barales. Por la noche se abría la ventana para que entrara el relente a curar las viandas.

Los jamones y paletillas se ponían en sal, y se recogía la salmuera, que a veces era útil para curar las patas de algún animal. La vejiga la llenábamos de aire para que jugaran los rapaces: era casi irrompible.

Entre pitos y flautas llegaba el 24 de diciembre, Nochebuena. Se juntaban los parientes en una cena especial, donde no faltaba buen vino, agua o refrescos para los niños, y de postre, turrón de «Jijona». Después de la cena, a cantar villancicos.

Más tarde se visitaba a vecinos y amigos, deseando mucha felicidad. La noche se pasaba apenas sin dormir, pero era divertida y amena.

A las doce se celebraba la misa del gallo, y llegaba la Navidad. El nacimiento de Jesús se preparaba en la iglesia y en el corazón.

Era una época propicia para contar cuentos, y los abuelos sabían bastante.

Comentaba el abuelo que un conocido suyo, que presumía de fuerte, fue a regar un prado al anochecer para quitarle la nieve. A lo lejos veía como dos faros alumbrando y deslumbrando a su paso, y tropezó con un lobo que le atacó. Llevaba puesta una chaqueta de color pardo para confundirse con la noche. Sujetó la manga con fuerza, y cuando el lobo abrió aquella boca enorme, le metió la mano hasta el hombro y lo ahogó.

Decía la abuela que un paisano, entrada la noche, venía de regar hacia su casa y se encontró con una manada de lobos hambrientos. No le quedó otra que subir a un chopo muy alto. El joven era hábil, pero como ellos tenían hambre comenzaron a roer el árbol. Menos mal que llegó la luz del día y huyeron, porque las ramas se empezaban a tambalear.

En compañía de la familia disfrutaba una gata llamada «Mimosa». El mejor sitio, al lado de la lumbre, era para ella. Le gustaba que la acariciaran, sobre todo los niños. «El gato y el niño, donde les dan cariño», lo dice el refrán.

Llegaba el seis de enero. Venían los Reyes Magos y traían a los niños y las niñas regalos, porque todos ellos hacían cosas buenas. A los padrinos se les cantaba una canción. Si no había canción, tampoco chorizo.

El ambiente y las costumbres

En este pueblo que tenía su carácter y cualidades según las circunstancias, algunas personas, se iban al extranjero, reclamadas por algún familiar, una se quedaban, otras volvían, cada uno encontraba su lugar, que no era fácil ¿dónde irá el buey que no are? le preguntaban, el mundo necesita, ánimo y fortaleza.

Por entonces, la esperanza de vida era más corta y se casaban varias veces, algunas familias, no era fácil seguir su trayectoria, porque se necesitaban más de dos manos para trabajar y afecto, para descansar.

El pueblo, se dividía en cuatro barrios que cuidaban del ganado, de dos en dos.

La «Aldea» y el «Barrio», tenían la salida y entrada del ganado, por la «Cañadica» que iba a las tierras de «Uceo» y alrededores. Cuando las crías eran pequeñas, había que acostumbrarla a ir a la cuadra para distinguirlas, llevaban, una escarapela o señal en la oreja.

En el «Barrio a Peña», también convivían el rey de la peña y en el «Barrio-bajo» la infanta. En esta zona el ganado salía y entraba por el «Testirico» y enseguida los corderos se acostumbraban al lugar, donde dormían y tenían el pesebre. Las ovejas paridas, llegaban del campo corriendo y berreando sin parar, los corderillos le contestaban alborotados, pero ellas, no dejaban mamar a extraños, perciben el olor de sus crías por el olfato.

Durante el día Milianica cuidaba los corderitos en un cesto pequeño, le partía patatas finas y se las daba a comer de una en una, ellos querían comer todos a la vez, al final, terminaba en el suelo, partiéndose de risa (dentro del curteillo)

El macho de la oveja es el «carnero»; el de la cabra, el «macho cabrío».

Como Pepe iba a la escuela y Milianica no tenía a quien dar la lata se aburría, su hermano se tomaba las cosas a broma sabía que la niña solo quería dar la lata.

Un día, fue con el cuento a su padre y le contestó: ¡Emiliana, tu hermano es bueno!

Así que decidió ir a la escuela, tenía cinco años y se entraba a los seis, pero se puso tan pesada, que su madre le dijo ¡ve tú con las niñas y le preguntas a la maestra, si puedes venir a la escuela!

Como recibió un si por parte de Doña Vicenta de Castilla, al día siguiente cogió la cartera con la cartilla, cuaderno, pizarra, lapicero y pizarrín y allí se presentó, la maestra la recibió encantada el horario era de diez a una y de tres a cinco, a eso de las doce se puso a lloriquear y sentada en sus rodillas la pregunta la señorita ¿Qué te pasa? ¡Quiero ir con mi mamá! Le dijo: tienes que esperar un poco enseguida nos vamos y se quedó tan tranquila. Le cogió tal cariño a la escuela que era como una fiesta, se podía jugar, mientras esperaban la hora de entrar y en el recreo.

Las niñas estaban separadas de los niños por un tabique, pero jugábamos juntos, los que se apuntaban a jugar, claro.

En aquellos días que la niña estaba un poco revoltosa la llevó su padre a pasar unos días con la familia de Ángel. Eran comerciantes y tenía una hermana que llamaban Emiliana, la cual era muy agradable y de ahí procedía su nombre.

Este pueblo está situado entre San Ciprián y el mercado del Puente, le llaman «Trefacio» de él han salido médicos, farmacéuticos, periodistas, escritores…

La escuela y breves anécdotas

Entre tanto, la población utilizaba la cultura de los refranes. Iban pasando los días, y Adelicio, el padrino de la niña, se fue a trabajar a Madrid y se comunicaba por carta.

Los padres consultaron con los de Emiliana si ella podría leer y escribir las cartas. "¡Claro que sí!", les dijeron.

Un día, la niña le dijo a su madre una palabra que venía en la carta, que para ella no tenía importancia. Enseguida la interrumpió:

—Cuando vayas a leer o escribir las cartas, el comentario se queda en ese lugar. ¡Menuda lección!

Las niñas y los niños procuraban ir todos los días a la escuela. Para ello, había que aportar a la familia un poco de ayuda.

Un día, los hermanos decidieron hacer las cosas del hogar juntos. Pepe se dispuso a pelar patatas, y así, cuando llegara la madre, que tenía mucha faena, se daba un respiro. Emiliana traía agua de la fuente a «Poza», llevaba dos calderos «caldeiro» iguales para mantener el equilibrio.

Hacía falta mucha agua para cubrir las necesidades del hogar. Aunque la tenían en abundancia, había que esforzarse para ir y venir de la fuente.

El cartero, una ayuda para el pueblo, era genial. Hacía recados, incluso viniendo en bicicleta. Además de traer alegría y hacer favores, siempre había alguien esperando la carta al lado del buzón.

Don Juan, el sacerdote, vivía en la casa parroquial. Había una fuente en la huerta y tenía agua corriente. Era de «Sotillo», un pueblo de la provincia. Aurora, su sobrina, se encargaba de llevar el caballo al prado. Ella era muy agradable.

El sacerdote y el médico iban en el caballo a todas partes, donde los necesitaban, intentando ayudar.

También había practicantes de ambos sexos. Iban voluntariamente a casa del enfermo a poner inyecciones.

Algunos niños y niñas se apuntaban para rezar el Santo Rosario al caer la tarde, después de guardar el ganado «ganao».

Además, estaba Elías, el sacristán, una persona peculiar y conocedor de su oficio.

La maestra tenía la vivienda encima de la escuela, pero prefería vivir en la casa de una familia. Como mandaron de Argentina leche en polvo y queso para las niñas y niños, se utilizaba la cocina para hacer la leche. Se encargaba una pareja de niños cada día y se tomaba en el recreo.

El queso se daba de merienda en catequesis.

Don Abelardo, el maestro, no necesitaba alojamiento: era hijo del pueblo.

Aventuras del ayer

En la escuela, la maestra explicaba las lecciones que venían en los libros, para estudiar en casa con tranquilidad.

Los dictados conllevaban aprendizaje, y se aprendía a discernir entre lo relevante y lo innecesario.

Una tarde a la semana, enseñaba a las niñas a coser, bordar, hacer punto de cruz, ojales para los botones y zurcir.

Cuando se venía de clase, desde lejos se empezaba a vocear: "¡Maaa!", que era como se llamaba a la madre cariñosamente. Si no respondía, se decía: "¡Paaa!" La llamada era porque la madre pasaba más tiempo en casa.

Algunas veces, los mayores, para sacarte los colores, preguntaban: "¿A quién quieres más, a papá o a mamá?" Algunas niñas contestaban: "¡Yo a mi padre!", sin tapujos.

A las personas maduras se las llamaba por su nombre, poniendo el «ti» delante, en señal de respeto.

En la mayoría de las casas tenían máquinas de coser «Singer», y las mozas empezaban pronto, haciendo sus faldas y vestidos, porque había personas que cosían muy bien y tenían arte enseñando al personal.

El 17 de enero, festividad de San Antonio Abad, protector de los animales, se celebra la fiesta con el sorteo de lo ofrecido, especialmente cosas del cerdo.

Algunos hombres, con la «bergonta» de los salgueros «salgueiros», hacían cestas, cestos y talegas. Se entretenían, y eran muy útiles. Las cestas servían para llevar las meriendas y las labores del campo; los cestos y talegas, para transportar las cosas de un lugar a otro. Incluso hacían regalos si alguien no sabía hacerlos.

El oso y el colmenar. Relatos

En aquel tiempo, por las montañas de la sierra «Cabrera» y su territorio, se dejaban ver los osos. A estos les gustaba la miel, y en el pueblo había muchos colmenares.

Había uno encima de la bouza de Entrambas-aguas, en una solana donde brotaba un pequeño manantial y crecían yerba, abedules y cardos borriqueros. Las colmenas eran la principal fuente de ingresos de la familia. El dueño, un hombre fuerte y corpulento, preparó una choza para resguardarse de las inclemencias del tiempo y tener a mano lo que necesitaba para cuidar las abejas, que producían cera y miel.

Algunas veces se quedaba a dormir, pensando en el oso continuamente. Le preocupaba encontrarse con él de sopetón y no actuar con valentía.

Para subir al colmenar, se cruzaba el río a pie por un pequeño puente que formaba parte de la vereda. Bajaba los panales a hombros hasta donde estaba el carro con las vacas, y lo cargaba en el camino al lado del río, que bajaba del «Argañal», formado por fuentes de varios valles, entre ellas, una medicinal.

Los veraneantes, para llegar hasta la fuente, tenían un paseo fresco y apacible.

Por la orilla del río, los enebros adornaban con sus bolas rojas y agrupadas. Entre el matorral salían flores de campanillas, los pájaros y mariposas, leales acompañantes.

La nutria y la ardilla alegraban el escenario con ritmo y velocidad.

Después de merendar, en la vuelta a casa, traían el agua en botellas… hasta el próximo día.

Al lado opuesto del colmenar estaba la «Franqueira», una pendiente con varios manantiales. Al norte, «Balmiano» y «Barciniella», dos valles que tenían cada uno su arroyo, y al juntarse las aguas formaban una cascada con acantilado mezclado entre peñas, arbustos, matorrales, valles y montañas. Bajando por «Valdemora», en «Entrambas-aguas», se juntaban los arroyos, y siguiendo su curso se llegaba al molino de «Faldrego» (había una puente, pero la llevó el agua).

En la parte izquierda había otro colmenar. Tenía las paredes altas, hechas de piedra, encima una pizarra grande y pesada. En la entrada, una puerta pequeña y estrecha que ponía el remate.

Hacía pocos años, hicieron un colmenar que se divisa desde el pueblo, en la tierra del «Corzo», y vieron a un oso merodeando. Parece ser que le hicieron fotografías.

El refrán dice: "El hombre y el oso, cuanto más feo más hermoso".

Por aquella época, los tratantes iban a comprar o vender a los pueblos, sobre todo animales. De vez en cuando subían a la «Baña», término de León. Salían del pueblo por el camino de la sierra, cruzaban el «Campo», «Vialpalo» y llegaban a «Faeda», donde se halla la linde que continúa hasta «los maragatos».

Al volver, hacían el mismo recorrido, hiciese calor o frío.

Alguna vez venían presumiendo de animales nobles y mansos. Enseguida surgía el refrán: "Moza buena y vaca buena no sale de la Baña fuera".

Cuando había confianza entre personas, en ocasiones comentaban sobre la vida y se aconsejaban mutuamente para intentar facilitar las cosas. Había en la zona un abogado que tenía mucha fama. Le llamaban el «tío Ñico», y a menudo decía: "¡Yo no voy por tus males, voy por tus bienes!" En el pueblo también se hallaba el cuartel de la Guardia Civil, que se encargaba de la vigilancia y defensa de las personas.

Hacia la primavera

El 19 de marzo se celebraba San José, el día del padre. En la escuela, las niñas preparaban una tarjeta para felicitar y expresar lo mucho que lo quieren, cada una lo hacía a su manera.

Caminando despacio, pero sin detenerse, nos encontramos con la Semana Santa. Había días de ayuno y abstinencia; eran como un requiebro para avanzar en el camino.

Se acompañaba a Jesús en el Calvario. El Viernes Santo se iba a rezar ante el monumento para que no estuviera solo, y en aquel silencio se pasaba el tiempo aprisa.

El Día de Pascua de Resurrección se hacía la procesión por el Cabildo, alrededor de la Iglesia. Era un momento emocionante al encontrarse Jesús resucitado y su madre enlutada. Al instante, María era revestida con el manto de fiesta.

La naturaleza seguía su evolución. Empezaban a florecer los cerezos «treisales», que desprendían aroma por doquier. Era principio de primavera, pero si te descuidabas un poco para comer el fruto, como a los pájaros no les importa el sabor, encontrabas solo los huesos en el suelo.

Las horas de sol continuaban creciendo. Los niños y personas mayores iban con las vacas a praderas comunes. Cada cual cuidaba de las suyas para que no se peleasen entre ellas. Además de darse alguna cornada, había que evitar que se cayeran por un barranco.

A la hora de comer, la merienda: cada uno la suya, pero todos juntos. De esa manera no se quedaba nadie rezagado.

Cuando ibas a beber agua, podías tropezar con una salamandra entre la hierba tan fresca y natural.

En primavera se comenzaban las labores del campo: arar, abonar, sembrar y plantar. Se habían sembrado de antemano los semilleros «culinales», y se trasplantaron a las huertas y huertos: las berzas, repollo, remolacha, cebollas, lechugas. En algunas orillas se siembran ajos para orientar a los ratones. A continuación, seguían sembrando garbanzos, judías de varias clases: altas y bajas, los famosos judiones y las patatas.

Junto a la pared se plantaban laurel, orégano, perejil, romero, ruda, salvia y té moruno. Había otro aromático. También sobresalían los rosales, de olor intenso y colores variados. En el margen de los caños por donde pasaba el agua, empezaba a reverdecer la manzanilla dulce, malva, menta y poleo.

Abundaba la flor de saúco «sabugueiro», muy valorada para infusiones. Todas estas yerbas había que renovarlas cada año y conservarlas adecuadamente. Las ortigas estaban por todas partes, pinchaban con facilidad, pero frotando con «chirinos» se mitigaba el picor.

La sierra y el ajetreo

Un día subimos a dar un paseo hasta la sierra. Estaba solitaria, no había animales domésticos. Se veían a lo lejos abundantes florecillas formando, entre las hierbas, alfombras de colores.

Al llegar a los «Palumbares» divisamos dos corzos. En «Mallada-nueva», ¡observando!, nos miraban cara a cara, pero no salían huyendo: intuían que no había peligro.

Días después, se quedaron los animales a dormir en la sierra. Cuando no había pastores para cuidarlos, lo hacía el pueblo: dos pastores cada día por animal.

Para ir a la sierra había dos caminos y una vereda. Iban por el camino de arriba, que era el que más se utilizaba.

Los animales, tan contentos: caballos y yeguas relinchando, las vacas y ovejas bramando y berreando. Además, con el ruido de los cencerros «chucallos» para localizar las reses. ¡Menudo alboroto!

La vacada salía del pueblo por el «Testirico» hacia «Peña Melendriella». Siguiendo por el «Geijarral», se llegaba a Peña el «Albardón», donde había un gran pedregal, y en la montaña de enfrente, a la altura de la peña del «Grallil», otro de características parecidas.

Se comentaba que en épocas anteriores se pensó en hacer un puente para cruzar de una montaña a otra.

Seguían caminando hasta «Corte Liebres». A continuación, Peña «Mixadeira», donde parecía que se agotaba la respiración. A los que iban por primera vez les contaban que si ponían la oreja junto a la peña se escuchaba el río de la Muela. ¿Era broma? ¡Ja, ja, ja! Alguno picaba.

Llegando a la llama «Barrosa», a la izquierda, había un pedregal como una pequeña montaña. Decían que un toro embestía. La pastora no lo creyó, subió pedregal arriba y se escapó de sus cuernos por casualidad y mareada, como el estribillo: "No subas a la Barrosa que te vas a marear."

Desde este punto se veía el «Buraco» (lugar recóndito) del Moro y alrededores.

Al acercarse a los «Palumbares», en la parte izquierda estaba el pozo a «Surbia», y a la derecha, la fuente de «Mata Saltones», que salía el agua a borbotones y tan fría que se aconsejaba a los niños no bebieran "a morro", porque daba ronquera.

Más adelante, en el cumbre de «Mallada Nueva», las niñas y los niños jugaban al salto de la rana, con el culo en pompa. Cuando soplaba el viento, los llevaba en volandas, casi sin poner los pies en el suelo.

En este lugar estaban la choza y la majada, donde dormían las vacas y el ganado del «Barrio a Peña» y «Barrio Bajo». Al dirigir la mirada hacia la derecha, se observa parte del valle y «Mallada el Corral», situada en la ladera, como resguardo del frío. Allí se hallaban las chozas y el ganado de la «Aldea» y el «Barrio».

Avanzando un poco estaban el cabuerco del burro y los «Llamazares». Enfrente, en la «Gargantada», pasaba un caño lleno de agua, regando el valle desde «Vialpalo».

Alguna vez subían a la sierra un potrillo con su madre, y como lo acechara algún lobo, lo protegía el grupo: le hacían corro y lo defendían dando coces y relinchando.

Las vacas paridas se dejaban en el pueblo con las crías. Había que alimentarlas bien porque la mayoría se vendían como terneros.

Terminaban de llegar las merinas de Extremadura, escapando del calor. ¡Menuda algazara traían!

Se situaron en los «Acediellos», cerca de la laguna «Llagona» de los patos. Traían perros amaestrados que, olfateando de lejos, alertaban del peligro, ladrando con fuerza.

El pastoreo generaba buen ambiente, y los pastores entendían de eso. Cuando conocían a las personas, les gustaba compartir.

Hacían un café que olía por toda la serranía (todavía se conserva en la mente su aroma). También tenían cabras para la leche, y el caballo, listo para ir a comprar lo necesario.

Además, en el pueblo había colchones de lana merina. Eran estupendos porque apenas había que mullirlos.

La sierra y los toros eran propiedad del pueblo. Una vez al año se iba de concejo para regir el agua del valle, que se reserva para cuando «Sierra Alta» empezaba a secarse.

Por allí brotaba genciana, que era muy valorada por el personal. Y cerca de los caños salían plantas de ginebra (enebro), que los rayos del sol iban mostrando en pequeñas bolitas. Además, había arándanos de varios tamaños. Con todo esto y aguardiente de la tierra se hacía un brebaje para el dolor de tripas.

En algunas reuniones se preparaba una «queimada»: se quemaba aguardiente de orujo, azúcar y corteza de limón. Se bebía caliente y ayudaba a conversar.

Comunicación y diversión

Era temprano y repicaban las campanas. Se preparaba la gente para ir a la Santa Misa. Se vestían con ropa adecuada para la ceremonia y reservada para momentos especiales.

Cada domingo, un vecino compraba un pan de trigo, lo partía en cuadraditos y lo ponía en una cesta que el sacerdote bendecía. A la salida de la Iglesia, la gente lo tomaba para comérselo o se lo daba a algún hijo.

En el Cabildo se reunía el concejo, y varios jóvenes decidían ir por la tarde a dar sal a las vacas. Se iba cada 15 días porque les abría el apetito. Quedaban a una hora determinada, pero si no llegabas a tiempo… ¡Andando, se esperan los amigos! Alguna vez llevaron la bota con vino del Toribín (se pagaba a escote).

Hoy iban por el camino de abajo para subir por arándanos al «Fuyancón». Salieron del pueblo hacia la fuente de la «Muela» y siguieron caminando hasta la «Freita». En ese espacio se veía de frente el pico de la «Moza». Cuenta la leyenda que una pastora estaba tejiendo un abrigo de lana. Se le cayó el ovillo (caruezo). No dejó de mirar para ver dónde caía y se fue tras él. Subiendo a la izquierda, en mitad de la pendiente, estaba el «Fuyancón», con unos arándanos grandes y sabrosos.

A continuación, salieron hacia los «Llagunallos», y pasando por la fuente, la «Mora», caminaron hasta las majadas. Al caer la tarde, venían las vacas a dormir y descansar.

Ellas tenían su jerarquía, se miraban de reojo y se respetaban. Cuando escuchaban la voz de quien las cuidaba, reaccionaban enseguida. La Guinda, que es la que lleva el cencerro «chucallo», venía la primera. Le seguía la Naranja, Parda, Galana. La última, la novilla sin nombre todavía. Cuando formara parte del grupo, le ponían el nombre de la que se retiraba.

Relación y amistad

En aquellos tiempos, en los cuales la mayoría de las personas, además de agradables tenían buen humor, la vida era sencilla y la gente bastante optimista.

Algunas veces pasaban por la calle silbando o tarareando distintas canciones:

«El pueblo de San Ciprián,
desde lejos parece villa,
con una ermita a la entrada
y una iglesia a la salida».

Se encontraban al lado del campanario de la iglesia parroquial para tocar las campanas y disfrutar del mirador. Había que subir por una escalera de caracol hecha de piedra, con muchos escalones y bastante estrecha.

Para entrar en la iglesia se subían unos peldaños, y a la derecha quedaba una gran cruz de madera. Ya dentro, el suelo era de piedra, y las dos pilas: la del agua bendita y la bautismal.

En la parte izquierda había una escalera que subía a un balcón con barandilla. Desde allí, algunos hombres y mujeres cantaban la Santa Misa. Las demás personas se colocaban en la parte baja, cada uno en el sitio de costumbre. En las fiestas se cantaba en latín; más adelante, se cantaba en castellano.

El altar estaba ubicado en la zona de arriba, junto a la pared, con el retablo donde se hallaba el Sagrario. Hacia la parte alta, San Cipriano, patrono del pueblo; a la derecha, el Corazón de Jesús; y a la izquierda, la Inmaculada. Al lado, en una peana, estaba Santa Ana enseñando a leer a la Virgen María. Junto al lateral, Santa Lucía, protectora de la vista. Cercano al pueblo, San José, con la Azucena floreciente en sus manos. A la derecha del Retablo Mayor estaban el divino Niño Jesús y, a su lado, la sacristía. A la salida, en un rincón hacia el techo, permanecía San Jorge preparado para la lucha. En un retablo elegante y sencillo, inolvidable, Nuestra Señora del Rosario. Como protector de los animales, San Antonio Abad tenía un sitio intermedio.

Formaba parte de tanta belleza el «Vía Crucis» y un crucifijo que había en la cuarta estación. Había, además, dos confesionarios y dos reclinatorios contemporáneos.

Ahora nos trasladamos a la ermita de la Virgen de las Nieves, nuestra Patrona, situada a la entrada del pueblo, en la parte izquierda. Cruzando el umbral de este espacio, que tenía dos puertas, ya dentro, había tres pilas de piedra para el agua bendita, dos de ellas en la entrada por la puerta grande. El suelo está hecho con baldosas. Las columnas, construidas con piedras, son decorativas y embellecen el espacio. Al día de hoy, las dos iglesias tienen bancos de madera. En el centro, ilumina una lámpara de cristal tipo araña, que al mismo tiempo daba claridad y hacía más atractiva la ermita.

Avanzando unos pasos hacia el altar y junto a la pared, el retablo con el Sagrario y la Virgen de las Nieves. En la parte alta, San Jorge; a la derecha, Santa Ana; a la izquierda, San Joaquín, padres de la Virgen María y abuelos de Jesús. A la derecha del altar, en un lugar tranquilo, estaba el Cristo de la Salud, esperando en silencio una mirada de súplica y una plegaria. A continuación, la sacristía y el confesionario. En la parte izquierda del altar se encuentra Jesús de Medinaceli y el Ángel de la Guarda (donación de personas).

De igual modo, las estaciones del Calvario realzan y engrandecen este lugar común.

La ermita tiene dos torres que fueron arregladas por el pueblo a escote. Una de ellas tiene un reloj, regalo de emigrantes argentinos.

El águila, varias situaciones

El águila emprendía la hermosa tarea de preparar su nido para poner los huevos y albergar a sus polluelos. Cada año lo hacía en un sitio distinto.

Aquella temporada lo preparaba en la «Escalera el salto», un espacio complejo.

Por debajo del peñasco pasaba una vereda que iba hacia la «Trapa», y después continuaba hasta «Funtiego», donde había unas praderas comunales como una pequeña sierra.

Un vecino del pueblo llevaba las vacas con algún ternero a pasar el verano. Allí no tenía pastor: él y su familia se encargaban del cuidado de los animales, subiendo hacia la montaña (que estaba plantada de pinos por personal del pueblo), por la izquierda, que daba a los «Fueyos», que pertenecen al territorio.

Era un terreno pendiente, metido entre peñascos y hondonadas, que apenas se podía transitar sin peligro.

Un día de viento y nieve se helaban y aterían las manos, y los dientes no paraban de castañetear.

La nieve se amontonaba en «neveiros», que podían durar hasta la nevada del año siguiente.

Asomaba una nueva primavera, y el águila preparaba su refugio en «Cubielles», en un peñón situado encima de llama «Palombes». Desde allí se controlaba una vaguada grande y hermosa.

Además, en esta ladera empinada nacía un estupendo manantial. El agua se recogía en un caño que lentamente se dirigía a llama «Urdiñadeira», donde sesteaba la cabrada en verano.

El caño continuaba hacia el cumbre del «Testeiro», y en ese famoso lugar, una pastora dio a luz a su hijo.

Enseguida fueron al pueblo a buscar la comadrona. Vinieron a galope con el caballo, y también llegó el carro con las vacas.

La madre, cuando vio que el niño estaba protegido, se fue rápidamente para su casa por el atajo.

Cuando llegó, había un puchero al lado de la lumbre con comida caliente y sabrosa. La echó en una fuente: ¡a comer y reposar!

El niño se crio fuerte y sano. Lo llamaron Juan.

El agua seguía haciendo su recorrido, susurrando en el fondo del caño. Pasaba por llama «Murteira», el «Furniello», y llegaba a la laguna, la llagona de «Baldromida», que estaba a rebosar para el regadío.

Cuando te acercabas al borde y mirabas dentro, se reflejaba como un espejo el rostro sosegado y tranquilo, el azul del cielo, y en medio, el Creador.

Después se "estripaba" el agua con un palo largo. En cuanto se vaciaba, se volvía a tapar con "terrones".

Tan pronto terminaban las nevadas y las heladas del invierno, a veces venía una borrasca que se convertía en temporal.

Se desbordaban los ríos porque se cruzaba un roble "carballo" caído de una pared, o un carro que estuviera cerca del río, anegando huertos y todo lo que cogía a su paso.

Dentro del pueblo había cinco fuentes. Aparte de la «Poza» y la «Aldea», estaban la del «Barrio», «Funtanón» y «Funtanica», que tenía un "pingón" para lavar la ropa.

Había otro en la «Casiella», encima del prado del maestro, y el tercero en el «Barrio-bajo», que traía el agua del río «Rebadoiro» por el caño de es «Vicielles».

Pasando por el «Valle», llegaba al pilón.

Tempestad y diversidad

Algunas amigas quedamos en ir a «Baldromida» a pasar el día cerca de la laguna, la llagona. A menudo pastaba por allí el ganado, y brotaba una manzanilla que desprendía una fragancia muy agradable.

Con la mochila preparada, nos levantábamos temprano y subimos por la «Cañadona» hasta el final del camino. Estábamos felices charlando; teníamos tantas cosas que contarnos. Éramos jóvenes y albergábamos cantidad de preguntas. Algunas respuestas llegarían después.

A eso de mediodía comenzaron a salir, de entre los «Picos de la Ciudad», unas pequeñas nubes que poco a poco se fueron transformando en nubarrones tan negros como el carbón. Enseguida estalló la tormenta.

Cayó una enorme granizada. El pedrisco golpeaba con fuerza la cabeza, y no podías resguardarte por los rayos que caían por todas partes.

No duró mucho la tormenta, pero sin duda quedamos chorreando agua y tiritando de frío.

Estaba por allí el ganado. Las ovejas y corderos recién esquilados se quedaron ateridos.

A continuación, empezó a brillar el sol y todo volvió a la normalidad.

Al cuidado del rebaño iban dos pastores cada tres ovejas: un pastor y un perro guardián con su collar de protección, que estaban continuamente en alerta, sobre todo por el lobo.

La cabrada fue sorprendida por el chaparrón en las montañas, donde se oía mejor el retumbar de los truenos. Los cabritillos aguantaron el chaparrón al lado de su madre.

A ellas les gustaba comer los brotes de las zonas altas y las berzas del huerto, cuando venían por la tarde a dormir en la cuadra.

La cabra es ágil y veloz. Cuando le echabas una piedra con impulso, haciendo un movimiento de onda con el brazo, al momento se quedaban paradas para asegurarse del peligro. A continuación, seguían.

De igual manera, las acompañaban dos pastores y el mastín con el collar de defensa, pues tenía un olfato tan fino que se enteraba en un segundo de lo que pasaba alrededor y avisaba rezongando.

Era importante saber pastorear el ganado para alimentarlo en condiciones.

Por la tarde, iba Francisca al molino y Emiliana decidió acompañarla. Todavía el arcoíris lucía su deslumbrante resplandor.

A su hija le gustaba ver moler el grano entre dos piedras grandes y redondas. Por un lado caía el grano, por el otro salía la harina, la «fariña», que es sencilla pero delicada a la vez.

Por eso decía el refrán: "Al molino tiene que ir el que suele."

Además de los molinos, había máquinas privadas para moler el grano de otros pueblos, que no tenían río. No cobraban por ello: lo descontaban del grano, y se llamaba cobrar la «maquila».

Faltaban pocos días para que terminara abril, y los mozos andaban con los preparativos del día 30.

Había que poner el Mayo en la plaza, por la noche. Las madres estaban al tanto de que tuvieran moneda para el escote.

En la plaza, plantaban un palo alto como una viga, y en la punta-cima le ponían un payaso hecho con la paja del centeno, vestido con un traje original, zapatos, sombrero y tiras de colores que se agitaban y removían con el viento.

Lo hacían tan extravagante que conseguían llamar la atención.

Continuaban de ronda hasta el amanecer, cantando coplas a las mozas, algunas inventadas por ellos:

Escucha paloma blanca,
que esta noche voy a verte,
asómate a la ventana
si no hay inconveniente.

Inconveniente ninguno,
pero ya estoy acostada
y no tengo la costumbre
de asomarme a la ventana.

Hazme niña este favor
que otro te haré yo mañana.

El favor que tú me pides
otro lo pidió primero,
llévate las calabazas
colgaditas del sombrero.

No siento las calabazas
colgaditas del sombrero,
lo que siento es no besar
esa carita de cielo.

Visitar la fuente de La Virgen

Los largos y soleados días de mayo estaban dedicados a la Inmaculada. Las niñas le recitaban versos, cada uno más bonito que el anterior. También era el mes de las flores, para regalar a las madres un ramo y un beso por su entrega y cariño.

Por estas fechas se hacían las primeras comuniones con mucha ilusión. Era un día muy especial: se empezaba a disfrutar de Jesús en nuestra compañía.

Más adelante, se hacían rogativas para pedir que el esfuerzo realizado no hubiera sido en vano.

Una madrugada, un grupo de personas de diferentes edades acordó levantarse al alba y, con la mochila en la espalda, pasar un día en el campo.

Partimos del pueblo por la cañada al «Rigueiro», en dirección a la fuente de la Virgen, situada en los «Picos de la Ciudad».

Cruzamos el puente a «Veiya», camino del «Abeseo». Allí empieza la cuesta arriba y sigue hacia el «Andaraneo», donde las tierras daban unas espigas grandes cargadas de centeno.

Al lado del arroyo «Cabuerco» había un robledal y, en el centro, una fuente con una pequeña pradera.

Allí se entretenía la perdiz roja, picoteando en compañía del bando.

Crecía maruja en abundancia, a los veraneantes les gustaba en las ensaladas.

En la zona de la izquierda estaba el «Carqueisal», una solana que en invierno no cuajaba la nieve, pues estaba al abrigo del sol. Además, la «carqueisa» era una planta que, cuando estaba tierna, les gustaba mucho a los animales.

Subiendo con destino a los picos, se llegaba al «Sextilón», una gran explanada a mitad del camino, donde sesteaba la cabrada en verano.

Desde este espacio, la panorámica era espectacular.

Seguimos hasta la cima. Algunas veces, por las veredas que reducían la ruta, tenías que ir con cuidado: se podía encontrar alguna culebra o víbora.

Había hormigueros construidos con varios pisos bajo tierra.

Las mariposas, de vistosos colores, se desplazaban en continuo movimiento. No perdían un momento para lucirse.

Llegamos a la fuente de la Virgen, situada en el pico más alto, donde desaparecían los últimos rayos del sol.

Cuenta la leyenda que, estando algunos obreros sacando losa para la ermita, el agua estaba muy lejos y pasaban mucha sed.

Alguien pidió con fe, y brotó allí una fuente.

Estábamos en la cima de la montaña y hacía un día espléndido.

Fluían las palabras con el frescor y la buena compañía. Comentábamos cómo las golondrinas estaban de vuelta, examinando el alero de los tejados para hacer sus nidos —lo prevenidas que eran.

Las acompañaban la alondra, el jilguero, el canario y el ruiseñor, que cantaban, trinaban y gorjeaban en un interminable y desafiante canto.

La urraca «pega» nos recuerda que no siempre se consigue lo que se quiere o se busca.

La paloma es símbolo de la paz.

La cigüeña anida en torres de campanario y árboles altos.

El búho es un ave rapaz nocturna.

El cuco hace oír su cantinela: "cucú". Suele poner los huevos en el nido de las urracas para que lo incuben y alimenten.

En invierno, cuando había luna llena y las lobas estaban en celo, los lobos emitían unos aullidos impresionantes, comunicándose de una montaña a otra.

Hacían eco con el sonido, y se ponían los pelos de punta.

El Corazón de Jesús y las horas

Era un día de fiesta especial. Daba la sensación de que las horas pasaban deprisa: se celebraba el Sagrado Corazón de Jesús.

A las doce de la mañana, las campanas repicaban sin parar. La gente del pueblo había adornado la calle con flores y las casetas con lo mejor de la casa: chales, pañuelos merinos, sábanas y manteles bordados a mano, con el Corazón de Jesús en el centro.

Los fieles emprendían ágilmente la procesión. Las mozas llevaban en andas a Nuestra Señora del Rosario.

El sacerdote trasladaba bajo palio el Santísimo Sacramento, visitando las casetas donde se rezaba para dar gracias y pedir ayuda.

Todavía los relojes eran escasos, y las campanas orientaban de lo que sucedía.

Además de tocar a misa, el Rosario, el Ángelus, se tocaba al concejo, si había fuego, cuando fallecía alguien: campanas al vuelo, repiques de júbilo y alegría, repiquete por un motivo especial.

Todo se hacía desde la experiencia y la responsabilidad.

Más adelante, en la noche de San Juan, se preparaban las hogueras, las «fumazas», en la puerta del corral o de la corte.

Había que traer del campo las escobas verdes, y los rapaces intentaban guardar aquel momento en la memoria, saltando sobre las montañas de humo «fumo», alegres y contentos.

El verano y la siega

En verano, las cabras se quedaban en el pueblo porque la alimentación era mejor que en la sierra. Además, hacía falta la leche para el desayuno, aunque algunas personas preferían la sopa castellana.

El caldo de berzas era un alimento apropiado para el verano porque daba poca sed y se podía hacer de varias maneras. La base principal era la sustancia que se le ponía y una pizca de unto machacado en el almirez con ajo y pimentón.

Los cachelos, patatas de calidad partidas en trozos iguales para que se cocinen a la vez, se cocían con un cacho de matanza o chorizo para dar sabor. A continuación, escurrida el agua, se le ponían unas arenas de sal gorda y se acompañaban con sardinas en aceite o chicharros en escabeche.

Las «faragullas», migas, si las comías con la mano estaban buenísimas.

La tortilla española con patatas y cebolla, rica y jugosa, también se le podía poner unas rodajas de chorizo.

El sopicaldo, una comida rápida, se hacía en la sierra para alimentar a los pastores y al animal guardián. Se cocían patatas y una tajada de cerdo ya curado, luego se ponían unas migas de pan con un sofrito de ajo y pimentón, y se daba por terminado.

Estaban empezando las guindas a dar color, y decía el refranero: «Cuando la guinda pinta, la guadaña pica.»

Era una labor más bien de hombres (tenían más fuerza), pero mujeres e hijos mayores iban a la par.

Los pequeños esparcían la yerba de los baraños con la «turnadeira» de madera para que se secaran; tenía que entrar seca en el pajar, el «palleiro».

Se arrastraba con el «rastro», también de madera.

Se cargaba en el carro con la turnadeira de hierro, se ataba con el rejo y al pajar.

Por el «bucal» se echaba dentro del «palleiro».

A continuación, llegaba la siega del centeno. Se segaba con la hoz de pica o de corte, se ponía en gavillas, «gabielles», y se ataba en manojos con la «grañuela».

Un puñado pequeño de espigas (había que saber hacer la llave) y se ponía en mornal, por si llovía.

Los cornezuelos se recogían para venderlos el lunes en la feria. Los niños, con un saco de esparto empapado en agua, se encargaban de que la bebida estuviera en la sombra y se conservara fresca. También se decía: «El trabajo del niño es poco y el que lo pierde es un loco.»

Había quien disfrutaba cantando mientras segaba. Era como el agua del río, no cansa, pero alegra el corazón.

Y entre agacharse y levantarse, se hacía música.

El que sabía la canción iba delante. Los demás repetían la estrofa:

Voces daba el marinero,
voces daba que se ahogaba,
y le respondió el demonio
al otro lado del agua.
¿Cuánto diera el marinero
a quien del agua lo sacara?
Yo le diera mis navíos
cargaditos de oro y plata.
Yo no quiero tus navíos,
ni tu oro ni tu plata.
Quiero que cuando te mueras
me dejes parte en el alma.
El alma no te la doy
que es de mi Dios emprestada.

Se terminaba con un largo aturrio, ¡uuuuuu jujujuju!

Acarreo y vitalidad

Llegaron los días de acarrear el centeno. Para ello, se bajaban de la sierra dos vacas, las más competentes. Se uncían al yugo, el «jubo», con «mullidas» en la cabeza, y «cornales» para la sujeción, conectadas al carro con el «subeyo».

Debajo de los manojos se ponía una manta para recoger el grano camino de la era.

La carrada iba atada con el rejo. También había carretas, pero al volcarse con mucha facilidad se utilizaban menos.

Para hacer la «meda» había que tener maña: las espigas se colocaban en el centro por si caía un chaparrón inesperado.

El personal estaba preparado para manejar. La máquina recién comprada para separar el grano de la paja se iba a estrenar.

Se hacían dos grupos y se sorteaban para ver a quién le tocaba empezar.

Cuando se ponía la máquina a funcionar, había que espabilarse porque se movía con rapidez.

De vez en cuando se pasaba la bota de vino para echar un trago.

Además, en una jarra de cristal se hacía un ponche con vino, huevos y azúcar, para cuando hacía falta energía.

A continuación, se limpiaba el grano con la máquina limpiadora.

Se medía por «eminas», pasando el rasero, y se llevaba en costales al granero, la «tuña», donde se administraba hasta el próximo año.

Las medidas más corrientes eran el kilo, litro y cuartillo.

Para la merienda, preparaban judías verdes con chorizo, unas «frebas» de jamón y una «pinta» de vino del jarro.

Novena a nuestra patrona

En medio de las faenas se celebraba la novena en honor de nuestra patrona, la Virgen de las Nieves.

Aún quedaba tiempo para arreglarse e ir a cantar, a coro con el pueblo, una salve con ímpetu y firmeza.

Después de cada estrofa, se cantaba el estribillo:

Virgen Santa de las Nieves,
no nos dejes, madre mía.
El día cinco de agosto,
en el gran monte Esquilino,
el portento peregrino:
blanca nieve aparecía,
y toda Roma acudió
con inefable alegría...
En tu pura concepción,
limpia tu alma quedó.
El Hacedor te colmó
de virtudes y mercedes.

Bendita entre las mujeres,
te aclaman desde este día…
Cuando viniste al mundo,
pura hermosa flor de mayo,
Dios se quedó complacido
de su divino milagro.
Y pues tú bendita eres,
y tan grande es tu valía…
Para ti enamorada,
el que la dicha atesora,
fuiste elegida señora
de entre la raza de Adán.
Sois la madre del gran pan
que al hombre le da la vida...
Eres perla del Oriente
con el nombre de María,
fuente pura y deliciosa
de celestial ambrosía.
Triunfadora de la muerte,
a ti clama el alma mía...
Al presentarse en el templo,
bella y santa mujer,
alta razón de tu ser,
a ti siente el alma mía.
Eres la mística rosa,
flor del cielo desprendida…
Sin mancharse tu candor,
entre todas escogida.
Para José la elegida,
esposa fuiste de amor.
A ti acude el pecador,

y en ti, señora, confía...
Eres Virgen sin igual
por todos los pecadores,
por los que siembran errores
y los que esparcen el mal.
Madre, la más celestial,
confunde la raza impía...
Amparadnos en la hora
y en el último momento,
en aquel postrero aliento
de nuestra vida, señora,
pues que sois la protectora
de tus devotas, María.
Sola tú, bendita eres:
¡oh Santa, oh Clemente, oh Pía!

El día 5 de agosto

También el domingo siguiente estaba destinado a venerar a nuestra patrona, la Virgen de las Nieves.

Empezaba la alborada, al comienzo del alba, y se iba escuchando poco a poco el bullicio de la gente por la calle: los cohetes, la gaita y el tamboril, las campanas al vuelo, ¡menuda algarabía! Todo esto demostraba el júbilo y la alegría de la fiesta. Gente de distintas edades se unía al grupo, cantando al son de la música, y de vez en cuando, un aturrio: ¡u u u ju ju ju!

Llegaban a la plaza, y los organizadores de la fiesta tenían preparado el chocolate, pastas y churros en abundancia. Y si no había devoto que lo ofreciera, lo hacía el pueblo.

Después del desayuno, se hacía una pausa. La calle estaba engalanada, y el personal se preparaba para rendir culto a la Virgen de las Nieves.

A eso de las doce sonaba el repique de campanas, comunicaban que comenzaba la procesión.

El recorrido iba acompañado por el Sagrado Corazón de Jesús, la Virgen de las Nieves y Nuestra Señora del Rosario, que la llevaban las mozas en andas adornadas con rosas, flores y claveles de múltiples colores, sobre todo con mucho cariño y esmero.

La Virgen de las Nieves era llevada por el pueblo, iba de mano en mano, se la presentaban unos a otros. Todo el mundo quería colaborar.

Las dos imágenes lucían mantos de fiesta, obsequios hechos con el corazón.

Con el pendón —preparado de antemano— como muestra de respeto, los mozos encabezaban la procesión junto con la gaita y el tamboril.

La Santa Misa la oficiaban tres sacerdotes.

Los fieles, con mucho fervor, cantaban y rezaban. Había que entregar la ofrenda: sentían necesidad de apoyo y protección.

Terminados los Santos Oficios en la ermita, el gentío se dirigía a la plaza. Allí se entretenían dando algunos pases de baile y cantando en tono más bien alto:

Asturias, patria querida,
Asturias de mis amores,
quien estuviera en Asturias,
en algunas ocasiones.
Tengo que subir al árbol,
tengo que cortar la flor,
y dársela a mi morena,
que la ponga en el balcón.
Que la ponga en el balcón,
que la deje de poner.
Tengo que subir al árbol,
y la flor he de coger.

Llegada la hora de la comida, el personal se ausentaba: había que reponer energía para bailar.

A primera hora de la tarde daba comienzo el baile. ¡Ya sonaba la gaita, el tamboril y la pandereta!

Compuesto por personas del pueblo, con carácter y buen humor. ¡Empezamos!

El corrido
Dale pa'rriba,
dale pa'bajo,
en el medio del baile,
dale un abrazo.
Dale pa'rriba,
dale pa'bajo.

La jota
Te quiero porque te quiero,
y en mi querer nadie manda.
Te quiero porque me sale
de lo profundo del alma.

El Manolo
Manolo mío,
tú bien lo sabes,
que desde niña
te di mi amor.
Tú me besabas
y me abrazabas
en las ventanas
del corredor.

El agarrao
Ni se compra, ni se vende
el cariño verdadero.
Ni se compra ni se vende.
No hay en el mundo dinero
para comprar los quereres
del cariño verdadero.
Del cariño verdadero,
ni se compra ni se vende.

También había bailes regionales. Cuando las personas bailaban bien, no importaba la edad.

Decían los mayores que no se debía despreciar un baile a quien lo pidiese.

Con la autenticidad de su mirada, los niños se divertían a su manera, con energía fuerte e inquieta.

Además, con imaginación y una chispa de picardía, pasaban un rato estupendo.

Terminado el evento, que estaba abarrotado, cada uno regresaba a su casa, acompañados y contentos por vivir un verano más, con tranquilidad y ánimo sosegado.

El valle a través del tiempo

Ahora seguía un tiempo de tranquilidad, y se chapuzaban los prados para que creciera en abundancia la yerba otoñal.

Para regar, se llevaba la zada y se tapaba el agua del «cubradeiro» hacia el caño que iba al prado, se hacían güiras, para que se regase por todas partes.

A veces se dormía al sereno para no perder la vez.

Estábamos en el Valle, un espacio grande y común que servía de era, un sitio pintoresco para recrearse.

Desde allí se veía el pueblo con sus luces y sombras, según la hora del día.

A lo lejos, se divisaba el pueblo de Coso, «los cusiellos», que estaba aproximadamente a kilómetro y medio, bajando por la carretera.

Más alejado del alcance de la vista quedaba el cerro de San Juan.

Los niños seguían de vacaciones, y este emplazamiento era adecuado para jugar.

Se jugaba a la comba, tanto niñas como niños, en compañía o solos. A veces, para dar armonía, se cantaba:

Soy la reina de los mares,
ustedes lo van a ver.
Dejo el pañuelo en el suelo,
y lo vuelvo a recoger.
Anda resalada, coge ese pañuelo,
¿no ves que es de seda
y se arrastra por el suelo?
El pañuelo de mi amante
no se lava con jabón,
se lava con agua clara
dentro de mi corazón.

También se jugaba a pescadores, al escondite, con el balón o la pelota.

Los mayores, en la tajuela, ponían un bolo de piedra sin sujeción y lo derribaban desde cierta distancia para la puntuación.

Al estribón, en terreno llano, se hacían dos grupos, y con una cuerda tirando cada uno para su lado, el que la agenciaba era el ganador.

Había un juego para todas las edades: el «Rabolisto».

El lobo iba por libre, y el toro se ponía en la fila para que tuviera movimiento, procurando que el lobo no cogiera a nadie, porque tendría que abandonar el juego.

Había que actuar con destreza y soltura.

Además, era una zona ideal para observar la noche: la Vía Láctea o Camino de Santiago, la lluvia de estrellas.

Las distintas fases de la luna inspiraban curiosidad, y los luceros indicaban el intervalo del tiempo.

Entre la oscuridad y la distancia, se escuchaban croar las ranas desde «Prauguiso».

Las personas que vivían en el otro extremo, en la Cañadica, cuando venían de vacaciones alguna noche, subían por el camino que se dirige a la era de Toribio para observar los astros.

Gema, junto a su marido y familia, se recreaban en este hermoso espacio, en el cual resplandecía su mirada desde que llegaban hasta el regreso.

Entre cañadas y cercanías

Unos días después, regresamos al Valle, que además tiene dos cañadas. Ese día bajamos por la del valle pequeño, que estaba llena de pedruscos.

Nos dirigimos al río llamado «Punto Cubeillo», cruzamos el puente y, unos pasos a la derecha, se encontraba el «Pezaloso», un pozo en el río para bañarse en verano. Encima tenía un peñasco grande. Allí solo se escuchaba el ruido de la naturaleza.

A la izquierda, siguiendo el curso del río, como a un kilómetro, estaba la puente de Trabazas.

El agua seguía su curso con distintos sonidos hasta llegar a «Carambiella», donde se abrazaban los tres ríos: el de Faldrego, el de Arrujino y el de la Muela.

Unidos, llevaban sus aguas hasta el río Tera, a la salida del Lago de Sanabria.

Dábamos la vuelta por la cañada el Conde, que era el paso por el cual subían las vacadas de otros pueblos vecinos hacia la sierra.

Y llegando a la puente de Trabazas, había una bifurcación de tres cañadas: la del Conde, es Cancielles, el Valle, y un camino que se dirigía a los Colmenares de Tijidiello.

Cuando salían los enjambres, si no estabas en alerta, rápidamente se perdían en el horizonte.

Seguimos caminando con destino a «Baldijada». Subíamos por el cumbre hacia la llama de Aseiros, a la derecha.

Pasando por la marra, se llegaba a «Llamallonga», que hacía linde con «Murias» (de apodo, los muriatos).

Esta llama la acotaban, y había que guardar la raya en la temporada de veda.

Danza y laberinto

Era jueves, a primera hora de la mañana, Emiliana se levantó tan contenta para ir a regar los prados de «Tijidiello». Iba con firmeza, pero un poco recelosa, porque se comentaba que en tiempos de Maricastaña salían a danzar las brujas y algún ogro por estos lugares al amanecer.

La situación reunía las características propicias: situada en una ladera con abundantes robledales, uces, piornos y escobas.

Por la parte de arriba pasaba el camino de la «Madalena», que se dirigía a un valle con varias vertientes.

Bajando por el robledal, se llegaba a una zona con caños y veredas estrechas, que en algunos sitios se bloqueaban entre el matorral y los rosales silvestres, que daban colorido y fragancia al entorno.

Desde aquí se subía con dirección a «Pranguiso» un terreno pantanoso, donde además manaba una fuente con un torrente de agua que se rezumaba por todas partes.

De este modo habitaban las ranas, que no cesaban de croar. Por la noche, también se oía algún sapo cancionero, embriagado de amor por la luna. Abundaban los renacuajos y alguna que otra culebra de agua.

Las aves iban y venían continuamente, a reponer fuerzas.

Los veraneantes, a veces, iban a merendar con los niños.

Ellos se divertían en una explanada que tenía yerba y lino de raposa; parecía alfombrada.

En este espacio solían esperar los pastores y animales, que después se repartían por los valles de Llamallonga, Trabazos, Baldortiga y los Acebros.

Cada valle tenía su arroyo, y se juntaban en «Prauguiso».

A continuación, bajando por «Cerrutiella», se formaba el arroyo «Cabuerco» de «Retutoiros», que estaba lleno de pedruscos, y cuando le caía el agua encima, hacían tal estruendo que producía grima.

En este lugar sombrío y nostálgico, había que encontrar pronto la salida, sin detenerse a deshojar el puñado de margaritas, «magarzas», que se encontraban por muchas partes.

Y si le dedicabas tiempo al entretenimiento, se hacía demasiado largo.

Abundaban los nidos en la copa de los árboles; otros estaban escondidos en cualquier parte.

Y sin perder un momento, la naturaleza derramaba su canto libre y vigoroso: la voz de la naturaleza bella e irracional.

Formaban parte del entorno las moras, fresas y avellanos.

Las mariposas, abejas y abejorros pululaban por el prado en continuo movimiento.

Pero si querías comer los frutos del bosque, había que entrar dentro con la fuerza renovada, ¡adelante!

Fiesta de San Cipriano y el horno

Los días llevan como un distintivo que, aún siendo iguales, las cosas que pasan se viven de manera diferente.

El 16 de septiembre se rinde homenaje a San Cipriano, patrono del pueblo. Se comenzaba la fiesta con la celebración de la Santa Misa.

También se celebraba la fiesta del horno, el «forno». Ese día se tenía por costumbre comer en la era. Cada cual, con su comunidad, se llevaba lo mejor de la casa y, en abundancia, la bebida. Se pagaba a escote, y a los que no podían ir al convite se les reservaba parte de lo que se había llevado.

Por la tarde no podía faltar el baile con la gaita, el tamboril y la pandereta.

Mientras empezaba, se entretenía la gente cantando, y como decía el refrán: «Vas a andar más derecho que el dedo de San Cipriano.»

¿Dónde vas con el carro,
carro de bueyes?
A engalanar tu calle
voy por laureles.
Quítate, niña, de esos balcones,
porque si no te quitas de esos balcones
llamaré a la justicia que te aprisione
con las cadenas de mis amores.
En medio de la plaza
cayó la luna,
cuatro cachos se hizo
y tú eras una.
Estribillo: Quítate, niña…

Al día siguiente se necesitaba hacer pan. La hornada duraba para comer varios días.

Había que pedir la vez, y cuando tocaba, se calentaba el horno con leña. Los piornos y el roble daban mucho calor.

Cuando faltaba pan, se pedía una hogaza prestada.

Con las «piñeiras» se cernía la harina, «fariña», para separar el salvado.

En la maseira se ponía harina, fermento y un poco de sal. Se añadía agua y se iba amasando hasta que la masa quedaba espesa. Se dejaba reposar un rato.

Cuando había fermentado, se hacían las hogazas, «fugazas», tortas y empanadas, que se iban poniendo en el estrado.

Se barría el horno y se colocaban en él con la pala.

Los muebles eran de madera y el horno, el «forno», de barro.

El fermento se prestaba, había que ser generosos.

El teatro y los cucurriles

En el pueblo había un vecino de nombre Gregorio (le llamaban Gorín, con mucho cariño).

Era agradable, caminaba hacia el otoño de la vida.

Además de las labores del campo, tenía como entretenimiento hacer cada año una obra de teatro con la gente del pueblo.

La organizaba de tal manera que el éxito estaba asegurado.

La de «Don Juan Tenorio», ¡extraordinaria!

Alguna vez se ponía un cartel en el bar anunciando la función, pero la mejor manera de enterarse todo el mundo era dejar correr la noticia de boca en boca, y la Aldea, que así se llamaba la plaza donde se realizaba el espectáculo, se vestía de fiesta.

Enseguida se presentaban las vendedoras de chucherías, las «carameleiras», y un camión de juegos para los niños, ¡a disfrutar!

Días después, teniendo en cuenta que había lloviznado bastante y con la humedad estaba el campo, y sobre todo el rastrojo, lleno de «cucurriles».

Algunos parecían pequeños paraguas. Estas setas brotaban de dos en dos. Era divertido recogerlas: quedabas con la duda de si habría salido antes o saldría después la que faltaba.

Crecían con rapidez, pero se estropeaban enseguida.

A la lumbre, encima de las brasas, con unas arenas de sal, estaban la mar de buenas.

La rozada y la sementera

Una mañana resonaban temprano las campanas: tocaban al concejo. Era tiempo de rozada y había que distribuir el robledal a sorteo entre los vecinos.

La leña se cortaba con un hacha o machete, dejando crecer unas guías para que se hicieran «carballos». A continuación, se hacía un haz, el «feije», y se echaban a rodar hasta llegar al carro.

La hoja del roble se guardaba cubierta para las cabras, cuando en invierno caían grandes nevadas.

El resto de la leña se ponía al descubierto en un leñero que llamaban «morena».

En la misma era se colocaba el «medeiro», un palo largo afianzado en el suelo con un hoyo, para recubrirlo de paja. El adagio decía: «¡Que el medeiro no se hace sin paja!»

Empezaba a hacer frío, y se bajaban las vacas de la sierra a dormir en la cuadra.

Se acababa la temporada: quedaba atrás cuando les picaban las moscas y corrían por los altos buscando viento fresco.

A continuación, se iban las merinas, y les cantaban:

«Ya se van los rebaños a Extremadura,
y se queda la sierra triste y oscura.»

En este pueblo, ubicado en el llano y con las tierras en las laderas, para subir el abono se necesitaban cuatro vacas.

Las que tenían más resistencia iban uncidas con el yugo, el «jubo», al carro hecho de madera de roble, con el eje hecho de un tronco de fresno.

Las otras dos iban delante, ayudando a subir la cuesta, conectadas al carro con un palo de abedul preparado para el sistema.

Se las llevaba animando por el camino: ¡Arre, puñetas! ¡Ánimo, que ya llegamos! Con una vara de fresno, la «guillada», se arreaba a la que se hacía la remolona.

Otra persona dirigía el camino.

Para cargar el carro, se sacaba el abono de la cuadra con los «garabatos» y se cargaba con la «turnadeira».

Cuando subían y bajaban por el camino, a veces se saludaban con refranes.

Otros, como había cuestas y algunos carros cantaban, les decían: ¡Oiga, a ver si engrasa los apilladeiros!

Porque no engraso los ejes
Me llaman abandoná.
Si a mí me gusta que suenen,
¿por qué los voy a engrasar?»

Para llevar el abono se ponían en el carro «cancielles» y «canciello».

Cuando iban por leña, se usaban «angarielles» y «estadullos».

Las tierras se sembraban de centeno cada segundo año.

En los huertos se intercambiaba la cosecha.

Los arados, los «araos», eran de madera o de hierro. Cada uno cumplía su función.

Ahora que estaban las cuadras, las «cortes», limpias, había que empezar a hacer la cama para que los animales estuvieran a gusto.

Esto se intuía cuando rumiaban tranquilamente.

En primer lugar, se les ponían «faleitus». A continuación, escobas verdes picadas con una «macheta». Se continuaba con paja y lo que sobraba de yerba, porque no les gustaba o estaban hartas. Los dueños se recreaban en su ganadería.

Las patatas y el lobezno

Hacía un día muy agradable y estaban arrancando patatas en «Cubeillo». Para sacarlas se utilizaban «garabatas», porque apenas se picaban.

De regreso a casa, como tenían el carro y las vacas, el camino se hacía largo. Había que dar un rodeo por la puente de «Rebadoiro» y se perdía mucho tiempo, así que la persona más hábil cruzaba por la cañada de «Cerrutiella» hasta «Punto Cubeillo» y, en un periquete, estaba en casa preparando la comida para el personal y los animales.

Al día siguiente, amaneció cerrado de niebla, pero según pasaba el tiempo se fue despejando y comenzaron a relucir tras las nubes los rayos del sol.

En este caso, se recogían las patatas en la «Pervida», que estaba llena de gente, y en uno de los surcos, los «sucos», estaba tumbado un lobezno, ¡menuda sorpresa!

La gente se alarmó y empezaron a gritar. El lobato echó a correr, cruzó la carretera y el río por la presa situada más arriba de la puente de «Vegacoso», donde caía el agua haciendo una bella catarata, y se sentó mirando hacia el alboroto como si no fuera con él.

A su espalda había un gran robledal, el del «Abeseo», en el cual hacían su guarida los lobos y otros animales.

Al atardecer, cuando subía la sombra en «Piñeo», se hacía de noche enseguida. Entonces se escuchaban gruñir los jabalíes, que salían con sus crías por la «Burrada» a buscar alimento alrededor del río.

En aquella época, las horas del día se calculaban por las sombras; la noche, por las estrellas y los luceros.

Los murciélagos, revoloteando sin parar, hacían limpieza de insectos.

Las hormigas y mariposas pertenecen a este grupo de alimentación, pero ellas por la noche no tenían actividad.

Relato del lino y del pueblo

El lino se sembraba en primavera y se iba preparando en ratos libres. Cuando llegaba el invierno, se hilaba en los «seranos», al amor de la lumbre. Algunas veces, las niñas leían historias interesantes que las conservaba la gente como oro en paño.

Esta planta se cultivaba para la industria textil y era muy laboriosa.

Al poco de brotar, se arrancaban las malas hierbas para que fuera creciendo lo más limpia posible. Al madurar la semilla, se arrancaba y se desgranaba con el «ripo» (que solo trabajaba un día al año). Se hacían pequeños manojos y se ponían en un pozo con agua de quince a veinte días. Después, se secaba al sol y se «mazaba».

A finales del otoño, en días de frío y nieve, se «espadaba» para limpiar los cachitos de tallos que le quedaban. Se pasaba por el «restriello», unas púas en redondel, para quitar la estopa, y quedaba el hilo limpio. Se hilaban por separado los hilos (la estopa también tenía utilidad).

A continuación, con el «sarillo» se hacían las madejas, que se cocían en agua al fuego con «cernada» (ceniza de roble). Se dejaban secar, y quedaban preparadas para llevarlas al telar o al mercado. La linaza era muy valorada por los compradores.

En varias ocasiones, los habitantes del pueblo decían que si esta villa tuviera olivos y viñas, sería la repanocha.

Las demás cosas se suplían unas con otras sin problema.

Las romerías

En aquellos tiempos hubo personas que nacieron y vivieron en el pueblo toda su vida. Como mucho, iban a las romerías de los pueblos cercanos y algunos más lejos, pues llevaban el burro o la yegua aparejados con lo necesario para el camino.

Había una romería en Escuredo, consagrada a la Santísima Trinidad.

A veces iban por las veredas del monte, otras por los pueblos, donde se podía ver alguna anciana luciendo una falda a cuadros y un pañuelo merino sobre sus canas, casi tapándole los ojos ya marchitos. Sus pupilas sonreían, y se podía apreciar que en sus tiempos fue muy hermosa.

Por una ventana asomaba el semblante redondo y risueño de una mujer joven. Tal vez se reía de los chascarrillos de los mozos, y veía a los chiquillos revolcándose en la yerba.

Una moza, de robustos brazos, llevaba un cubo de agua grande y chorreante. El cubo se balanceaba, dejando caer unas gotas de agua largas y centelleantes.

Por el fondo del barranco corría un arroyo, que dejaba ver a través de la claridad de sus aguas los cantos de su lecho. Hasta los perros movían la cola sin atreverse a ladrar. Gatos enroscados en su ovillo de sueño, gallinas y gallos de erguidas crestas, rebuscaban entre el heno algo que picar.

Unos mozos, con camisas limpias y ajustadas con los cintos, calzados con pesadas botas, se apoyaban en un carro desenganchado. De pronto, se escuchó el canto y agitado aleteo de un gallo, y le respondió el mugido de un ternero desde su corral. Contestaron los oyentes: ¡Eso sí que era armonía!

En la Cabrera había otra romería dedicada a la Santa Eulalia. Salían del pueblo por el camino de la sierra, en dirección a La Baña, y hacían noche en el camino. En aquella zona era fácil perderse, porque los ríos iban en otro sentido. Algunas personas no se paraban ni a mear «mixar» por si se perdían del «tagallo».

Pasando etapas

Aun se recordaban los tiempos cuando se utilizaban los «llumbreiros» para alumbrar por la noche en la cocina. Haciendo ganchillo u otras labores. Se colgaban del «garfiello» y daban abundante claridad.

Por aquella época, cuando había fiestas y venían mozos de los pueblos vecinos a rondar, si no se comportaban, podían terminar remojados con el agua del pilón.

Una joven simpática y amable fue recomendada para Madrid con una familia que necesitaba ayuda con el cuidado del hogar y los niños.

Cuando vino de vacaciones, un día estaba arrastrando la yerba de un prado y preguntó:

—¿Qué es esto?

Lo pisó sin querer y le dio con el mango en las narices, y exclamó:

—¡Jolines con el rastro!, ja, ja, ja.

Por la mañana, en cuanto se abría a gateira de la cuadra, la «corte», salían las gallinas corriendo y cacareando. Cacareaban

109

de distintas maneras según el momento y la circunstancia. A esta hora, iban por la cañada «Buelga» y otras cañadas hacia los huertos, a escarbar y sacar «cocas», eran como una lombriz pequeña que vivía en los huertos cuidados con esmero.

En la gatera de la casa se dejaba la llave cuando no se dejaba la puerta abierta. Eran otros tiempos, y el refrán dice: «Hay que bailar al son que tocan.»

También había perros bien cuidados. Otras personas preferían alimentar a la gallina porque ponía el huevo (sobre gustos no hay nada escrito).

Aquí también vivía María «Pedrola», una señora estupenda, casada y con ocho hijos, dispuesta para ayudar a quien la necesitaba. Era entendida en poner ventosas cuando te caías y dabas algún golpe —por ejemplo, a menudo el burro se espantaba al ver una sombra— o para entablillar las patas de los animales. Dejaba lo que estaba haciendo, fuera lo que fuese, para atender la necesidad.

En el pueblo hubo varios jóvenes seminaristas. Don Patricio ejerció de sacerdote durante muchos años. Después de jubilado, volvió al pueblo que le vio nacer al finalizar la etapa de su vida.

Había un vecino que se encargaba de cobrar los sellos para la jubilación. Una mujer soltera, que le quedaba poco para jubilarse, no podía pagar. Él se ofreció a pagarlos, y cuando cobrara cada mes, le desquitaba un poco. Hicieron el acuerdo, y ella quedó muy agradecida.

En primavera venían unas bandadas de palomas que nublaban el sol por donde pasaban, haciendo un remolino. Con el tiempo, dejaron de venir. Comentaban que les habían puesto una valla para que no surcaran los mares.

Un rincón con apego y naturalidad

Con fortaleza y habilidad, se llegaba a ese rincón, engarzado entre montañas, estupendo para airearse y descansar.

También se podían elegir otras opciones: hacer recorridos, porque el movimiento da vida, o vivir a tu aire con tranquilidad.

Era una época en que la gente común se comportaba con sencillez, sin florituras. Dentro de un orden, se aceptaba al distinto. ¿Que a una mujer le gustaba echarse un rapé? Sin comentarios. De igual manera, algunos hombres fumaban. Hubo novios que hacían el trabajo juntos y vivían cada uno en su casa; parejas que todavía no se habían casado.

En cualquier caso, algunas mujeres y hombres eran valientes, con fuerza y energía. Otros eran más débiles por condición humana, a quienes se ayudaba con las tareas del campo en situaciones de necesidad, porque el tiempo apremiaba y había que guardar la cosecha.

Como era natural, alguna vez te encontrabas con el cantamañanas de turno. Si estabas de humor y le seguías la corriente, te podías divertir un rato, riendo en su compañía a carcajadas.

A veces se juntaba el padre con amigos en el comercio, para jugar una partida a la brisca o al tute, con la baraja española. No se les iba a buscar: ellos controlaban su tiempo.

Los niños, y sobre todo las niñas, cuando estaban solas, si no les gustaba aburrirse, hacían un solitario con los naipes de la baraja.

Mientras se juntaba la familia para cenar, cada barrio tenía su pandilla donde detenerse y pasar un rato divertido, sin olvidar la rebeca, que era necesaria en cuanto se iba el sol.

Las mujeres comentaban las coplas nuevas, con novedades de amoríos y sus cosas. Mozas y mozos se contaban andanzas y hazañas. Se podía divagar, pero no era fácil porque… ¡te conozco bacalao, aunque vengas rebozao!

El tiempo pasaba de manera inevitable. El día y la hora son igual en todas partes, pero según la utilidad que se les diese, daban la impresión de ser breves o largos.

A los habitantes de San Ciprián los llamaban «charros», como apelativo de formalidad.

También les decían "los de la viga atravesada", por el erre que erre de su constancia.

Nuestras raíces están en esta tierra. En las vacaciones de verano, año tras año, las pasamos aquí con la familia y amigos. Delfina y Emiliana, amigas desde la escuela, compañeras de pupitre, seguimos compartiendo ideas y maneras de pensar. Vicenta, la del pollo, un poco más joven, le decía a su madre que Emiliana era su mejor amiga.

—¡Pero si es mayor que tú!

—¡No importa!

Desde entonces permanece el sentimiento de afecto y de amistad.

.

Agradecimientos

Gracias a mi hijo, el motor de esta historia, sin los libros que me ha traído de la biblioteca y los que guarda en la suya para informarme no hubiera sido posible.

Gracias desde el corazón a mis progenitores, José y Francisca, a mi entrañable hermano Pepe.

Con todo mi cariño, muchísimas gracias a las personas del pueblo por su compañía en este caminar hacia el oeste de la vida.

Glosario de expresiones
para tratar a los animales

En el trato diario con los animales, cada especie respondía a una llamada distinta, y cada acción tenía su expresión propia. Estas palabras, cargadas de intención y costumbre, marcaban el ritmo de la vida en el campo.

Para arrear las vacas, se decía: ¡Arre!
Cuando se llamaban, se usaba: ¡Bouca!
Y al pasar a su lado, en señal de cariño, se les decía: ¡Buca!

El caballo, la yegua o el burro también se arreaban con un ¡Arre!, acompañado de una muesca que se hacía con la lengua. Para detenerlos, bastaba con un firme: ¡So!

Las ovejas se arreaban con un ¡Ge!, y para llamarlas se decía: ¡Rina!

Las cabras, en cambio, respondían al ¡Tuqui! para arrearlas, y al ¡Buta! para llamarlas.

Los corderitos llamaban a su madre con un tierno ¡Beee!, mientras que la oveja contestaba con un ¡Vaaaa!

Las gallinas acudían al oír ¡Pita!, y para que se fueran se decía: ¡Uxe!

A los perros sin nombre se les llamaba simplemente ¡Chuchos!

Los gatos respondían al ¡Mix! cuando se les quería cerca, y al ¡Xipe! cuando se les quería lejos.

El cerdo acudía al ¡Gurrin!, y para que se fuera se le decía ¡Cuchino! o ¡Gurrino!

Los animales, cuando se trataban bien, se comportaban de distinta manera. El vínculo se notaba en su respuesta.

También había nombres para sus excrementos:
A los de las vacas se les llamaba buestes,
a las cagarrutas del ganado menor, cagaches,
y a los del caballo, moñigas.

Glosario de localismo

Angarrierlles, canciello, cancielles, estadullos, garabatos, macheta, rastro, turnadeira, hacha o machete: Aperos.
Baraño: Yerba de la guadaña.
Barales: Palos para colgar.
Bergonta: Rama final del salguero
Bucal: Ventana grande.
Cacho: Trozo.
Caldeiro: Caldero.
Carameleiras: Vendedoras de chucherías.
Carballo: Roble.
Carrada: Cosas juntas en el carro.
Caruezo: Ovillo.
Castañeiro: Castaño.
Chirinos: Contra el picor.
Chucallos: Cencerros.
Cornales: Sujetar el yugo a los cuernos.
Cuadra, corte, curteillo: Lugar de animales.

Cubradeiro: Tapar o destapar el agua.

Cuiras: Caño pequeño.

Culinales: Semilleros.

Emina: Medida.

Engariñir: Helar.

Esgurrifar: Caer el agua o pared.

Escaldao: Verduras cocidas.

Estrado: Donde se ponen las hogazas.

Estripar: Soltar el agua.

Faragullas: Migas.

Fariña: Harina.

Fermento: Fermento, levadura.

Forno: Horno.

Fugaces: Hogazas.

Fumaza: Hoguera.

Fumo: Humo.

Fuso: Uso

Garfiello: Gancho.

Gavielles: Gavillas.

Ganao: Ganado.

Guillada: Vara de fresno para arrear el ganado.

Jubo: Yugo.

Lino de raposa: Yerba que acaricia.

Llagona: Laguna.

Llama: Pradera comunal

Medeiro: Palo con paja.

Margaza: Margaritas.

Meda: Conjunto de manojos.

Morena: Leñero.

Palleiro: Pajar.

Pingón: Lavadero.

Rejo: Soga gruesa.
Rota: Hacer vereda en la nieve.
Salvao: Salvado.
Salgueiro: Salguero.
Subeyo: Conectar.
Sucos: Surcos.
Tagallo: Grupo de gente.
Terrón: Tierra con yerba.
Treisal: Cerezo.
Zada: Azada.